¡Libérate!

¡Libérate!

✦

La Guía Sencilla Para Reiniciar Tu Vida

John Seeley, M.A

HeartFire Press
Newport Beach, CA, USA

!Libérate!
La guía <u>sencilla</u> para reiniciar tu vida

Publicado por Heart Fire Press
OFICINA EDITORIAL
Blue Moon Wonders
3419 Via Lido Suite 375
Newport Beach, CA 92663
EEUU.

Datos de la Catalogación-en-Publicación de la Library of Congress
Seeley, John Herbert
¡Libérate! / La guía sencilla para reiniciar tu vida / John Herbert Seeley M.A.
p. cm. Basado en el taller "Get Unstuck" ("¡Libérate!") ©2005

Editorial y producción: Bob Adams
   Diseño y tipografía: TJ Falls
   Diseño de portada: TJ Falls
Foto de portada: Larry Silva © 2005

ISBN 0-976-5942-1-8

Impreso en EEUU en papel libre de ácidos

Distribuido por Blue Moon Wonders

Este libro está dedicado a mi mamá,

Margaret Seeley,

quien siempre creyó en mí.

Contenido

Introducción

Habiendo estado estancado varias veces en mi vida, quería descubrir cómo liberarme, moverme en la dirección que quería, y crear la vida que anhelaba. Estudié y busqué respuestas de muchas fuentes. He escrito este libro como simple guía para que lo uses como referencia cuando te sientas estancado en cualquier situación de tu vida.

Pregúntate si algo de esto aplica a ti.

A veces te sientes en un lugar donde nunca planeaste estar. No sabes exactamente por qué estás allí. No sabes exactamente cómo llegaste a ese lugar. A menudo, ni siquiera estás realmente seguro dónde quieres estar. Incluso si sabes dónde quisieras estar, es probable que no estés completamente seguro de cómo llegar a ese lugar. Este libro es para ayudarte a contestar *todas* esas dudas.

¡Libérate! tiene la finalidad de ser una guía para ayudarte a encontrar tus *propias* respuestas a lo que realmente quieres. Comienza con la comprensión del proceso para cambiar tu vida. Te proporciona una comprensión del proceso, empezando por aceptar dónde estás –reconociendo que hay una salida– y estar abierto a la posibilidad de los milagros.

Entender cómo se crece o se decae, te da la motivación para que elijas crecer nuevamente. Se explora tanto el poder de tu palabra como tu capacidad para crear deseos y sueños. El reconocer que la motivación de los seres humanos se debe o al miedo o al deseo, te permite examinar cómo se ha creado tu vida, y elegir con cuál de éstos crear tu futuro.

Se explica la capacidad de cambiar tu manera de pensar, y de utilizar las herramientas para recobrar tu energía, para ayudarte a romper las paredes que te han impedido realizar tus sueños. El perdón y sus poderosos beneficios, que cambian vidas, se detallan cuidadosamente para permitirte entender cómo librarte de los problemas del pasado y de nuevo proceder hacia adelante.

No sólo se explica el poder de tu compromiso, sino que también se solicita inequívocamente para asegurar que pongas en práctica la sabiduría obtenida de este libro. También se demuestra que la gratitud es otra herramienta para crear más de lo que deseas en la vida. La gratitud te coloca en una perspectiva de "tener" en vez de "carecer". Vivir la vida desde una perspectiva de "carencia" es a menudo el resultado de sentirse estancado en la vida. Finalmente, este libro te ofrece pasos específicos, orientados en la dirección de permitirte seguir adelante y crear un plan para ayudarte a avanzar de un estado emocionalmente estancado, a un estado emocional de acción creativa.

Aprovecha esta oportunidad para hacer algo para ti mismo. Lee el libro y contesta las preguntas al terminar de leer cada capítulo. A veces es un reto analizar lo que nos ha detenido en la vida. Usa esta lectura como una oportunidad para volverte a encontrar con tus sueños. ¡Espero que te guíe hacia la liberación para que crees la vida que siempre has querido!

1

Cambiar Tu Vida

ooooooooooooooooooooooooo ooooooooooooooooo

"Continuar haciendo la misma cosa y esperar diferentes resultados es una locura."
--Albert Einstein

¡El cambio sucede instantáneamente! Decidir cambiar, usualmente toma algo de tiempo, a veces años. Cuando tu vida no va del modo que quieres o esperas, es tiempo de cambiar. La gente cambia todo el tiempo, a veces para bien, otras veces no. A menudo nos resistimos al cambio porque lo que tenemos es cómodo y conocido. Puede no ser exactamente lo que quieres, pero no es lo peor que haya en el mundo. A veces quieres cambiar, pero no sabes cómo. Tal vez te sientes estancado en una mala racha. Cuando llegas a un lugar de frustración y desesperación con respecto a un problema, ése es el momento de pedir ayuda. Quizá sólo necesites un refuerzo. Pedir ayuda, para algunos, es fracasar.

¿Alguna vez te has dicho: "Yo no la podría hacer solo, así que soy un fracasado."? Por otro lado, quizá te has dicho: "Si tengo que pedir ayuda, debe haber algo mal en mí."

La verdad es que pedir ayuda es algunas veces *lo mejor* que puedes hacer. El problema es que, a veces, quizá te sientas como que no mereces ayuda, o peor aún, que no es posible ayudarte; es entonces cuando *más debes* pedir ayuda. Siempre existe la ayuda y a veces tú estás demasiado cerca de los hechos para verlo. A veces *piensas* que puedes ver tu situación claramente y concluyes que no hay manera de ayudarte, pero tu conclusión es **errónea**. No importa qué pase, ¡siempre hay ayuda!

Una de las claves para entender, es saber que tú importas. Siempre y cuando tú creas que importas, vas a encontrar una salida. Hablo por experiencia en este tema. Fui diagnosticado como clínicamente deprimido. No me encerraron en un manicomio, pero necesitaba ayuda profesional. Mi historia es como la de mucha otra gente. En mi caso, todo empezó con lo que yo llamo mi "peor año". Fui despedido de dos trabajos en un lapso de seis meses, situación absolutamente impactante para mí. Nunca antes me habían despedido, mucho menos ¡dos veces! No sabía que en la industria restaurantera se dan muchos cambios como parte del ciclo normal de los negocios. Hubiese podido tomar esto como una señal de que quizá debía cambiar de profesión. ¡Ojalá lo hubiera hecho! En cambio interprete mis despidos como un mensaje de que no era "lo suficientemente bueno".

No me esperaba lo que siguió: mi mejor amigo se suicidó y yo fui quien lo encontró. Esto realmente volteó mi mundo de cabeza. Poco tiempo después, mi perro falleció. ¿Qué más podría sucederme? Me deprimí tanto que me volví defensivo con la gente a mi alrededor. Estaba enojado y frustrado. Me sentía desamparado. Lo que es peor, no sabía por qué estaba ocurriendo todo esto. Atacaba verbalmente cuando me sentía atacado, aún cuando nadie me atacaba. A raíz de esto perdí a mi prometida. Tomé otro trabajo con la esperanza de salvar la relación, y de rescatar mi autoestima. De nuevo, debido a mi actitud defensiva, también perdí eso, lo cual tomé como una prueba más de que era "un perdedor".

Años después, todavía negaba la realidad de la situación. Es más, solía contar mi triste historia a otros para animarlos, para que pensaran: "Bueno, mi vida no anda tan mal como la de él." También usaba esto como prueba de que era un mártir, de tal manera que conseguía simpatía de la gente. En realidad era una víctima y el "victimismo" no es algo bueno; te quita autoridad, piensas que estás haciendo lo mejor que puedes, pero el ser víctima alarga tu sufrimiento. En ese momento sentía que mi vida no tenía nada que ver con la situación, con excepción de recibir la descarga de un camión llenó de excremento. De lo que no me di cuenta en ese entonces, es que lo que sucedía en mi mundo exterior era un reflejo de lo que sentía dentro de mí, y me daba miedo enfrentarlo.

Frecuentemente, cuando te encuentras en un estado depresivo, llega un momento en el que te olvidas de que eres importante. La lógica a veces nos dice: "Si estoy en tan mal lugar, es porque lo merezco. No hay esperanzas, ya que no veo ninguna solución. Si hubiese una salida, la vería. Si yo tuviese alguna importancia, no estaría en una situación como ésta."

Así como Jimmy Stewart en la película "It's a Wonderful Life"- (Es una Vida Maravillosa), nos decimos a nosotros mismos: "El mundo estaría mucho mejor si nunca hubiese nacido yo." Sin embargo, como en la película, no nos damos cuenta de toda la gente que tocamos diariamente con nuestras vidas. Algo pequeño que hagamos hoy puede salvarle la vida a alguien mañana. No es necesario creer en el destino para saber que todos nos afectamos unos a otros.

A veces sólo una sonrisa, o una tierna palabra a un extraño, puede transmitir sentimientos positivos a mucha gente. En "It's a Wonderufl Life", Jimmy conoce a un ángel que le hace ver que su vida es importante para mucha gente. Puede que no a todos nos visite un ángel en entrenamiento para hacernos ver con claridad, pero tenemos familiares, amistades, desconocidos, terapeutas, programas de televisión, libros, etc., que nos ayudan a estar conscientes de nosotros mismos. Es más, tenemos infinidad de recursos que nos abren el camino hacia la esperanza. La esperanza es nuestra salida. Sólo tenemos que *reconocer el mensaje*. Saber que merecemos encontrar la salida, es el primer paso. El hecho de que estés leyendo este libro demuestra que estás progresando. Así que sigue la lectura y mantente dispuesto a crear resultados positivos en tu vida.

La intención es poderosa. Debes estar claro en tus intenciones de lograr los resultados que deseas. Como en el libro, *"The 7 Habits of Highly Effective People"* (Los 7 Hábitos de Personas Sumamente Efectivas), tienes que "empezar con tu finalidad en mente". Saber dónde quieres terminar es esencial, y el saber **dónde estás** es el primer paso para trazar el camino hacia donde quieres estar. Si crees que es posible, puedes encontrar la forma de llegar ahí.

"Un tipo iba caminando por la calle cuando se cae en un pozo. Las paredes son tan altas que no puede salir. Pasa un médico y el tipo le grita –Oiga, ¿me puede sacar de aquí? –El médico escribe una receta, la tira en el pozo y sigue caminando. Luego pasa un sacerdote y el tipo le grita –Padre, estoy en este pozo, ¿me puede ayudar a salir de aquí? –El sacerdote escribe una oración, la tira en el pozo y sigue caminando. Entonces pasa un amigo –Oye, José, soy yo, ¿me puedes ayudar a salir de aquí? – El amigo salta en el pozo y el tipo dice –¿Eres estúpido? Ahora estamos los dos aquí abajo–. El amigo dice –Sí, pero yo ya he estado aquí abajo y conozco la manera de salir–."

The West Wing

Preguntas útiles:

¿De qué quiero más en mi vida?

¿Cómo afecto a otros, positiva y negativamente?

¿Cómo quiero que cambie mi vida?

¿Cuáles son algunos pequeños ajustes que yo puedo adoptar para hacer un cambio?

Notas

"Levántate. Párate.

¡Defiende tu vida!"

---Bob Marley

2

Hay Una Salida

oooooooooooooooooooooooooooooooooooooooooooo

"No se puede resolver un problema
con la misma mentalidad que lo creó."
---Albert Einstein

Hay una salida, ¡de verdad! Hay una salida, ¡no importa qué pase! A veces seguimos tratando de resolver el problema con el mismo pensamiento y creemos que no hay salida. Lo que encuentras a menudo es que cuando estás en medio de un "enojo," piensas que estás enterado de tu realidad, y crees que lo que sientes y lo que piensas es real y preciso.

El problema es que estás "enojado". Por definición, no estás centrado en tus sentimientos; más importante aún, a menudo no estás concentrado en tus pensamientos. Hay muchas razones por las que puedes estar enojado y no las describiré todas aquí. Lo qué puedes hacer cuando estés enojado es tomar mejores decisiones y pensar más claramente. Ésta es la clave.

A veces necesitas desahogarte, lo cual está bien, siempre y cuando lo hagas sin hacerle daño a otros o a ti mismo. La persona ideal para ayudar con esto sería un testigo neutral. Esto parece ser muy difícil de conseguir, pero dentro de cada uno de nosotros, tenemos uno. El desafío es acceder a nuestro testigo neutral. El ego generalmente nos bloquea el poder hacer esto. La clave es quitar a tu ego de en medio. Una vez que logres esto, serás capaz de conseguir acceso a este testigo imparcial, la parte de ti que sabe la respuesta.

Primero, deja de hacer lo que estés haciendo y sepárate de lo que te esté causando enojo. Respira profundo, está bien, ahora otra vez. Aclara tu mente por un momento. Sólo concéntrate en tu respiración. Concéntrate en lo que está sucediendo dentro de ti mismo. Si crees en un poder más alto, pídele claridad para calmarte. Toma un momento para centrar tu ser. Esto puede ser todo lo que necesites para poder acercarte a tu enojo y resolver el problema. A veces necesitas liberarte más de la energía que rodea tu enojo. Por lo regular, cuando aflojas el paso por un momento, puedes ajustarte a una posición más centrada. Si te encuentras muy desequilibrado, puede que necesites más que un solo momento. (Voy a cubrir más sobre cómo liberar energía emocional en el capitulo 9.) Una vez que se ha logrado esa liberación, puede que tengas o no tengas que volverte a centrar. A veces se requiere más de un proceso de liberación de energía emocional para sentirse equilibrado y algunas veces con una sola vez es suficiente. Todo depende. Si todavía estás desequilibrado, no trates de tomar ninguna decisión importante. Sólo relájate y ten en cuenta que vas a estar mejor. ¡Probablemente la situación no está tan mal como parece! Hay muchos otros métodos. Escoge cuál funciona mejor para ti. Lo importante es que reconozcas que todo lo que te está pasando es por tu bien mayor, aunque no suela parecerlo en el momento.

Siempre hay algo que aprender de cada situación en tu vida. La pregunta que te debes hacer a ti mismo es: "¿Qué puedo aprender de esto?" Tu ego va a tener una respuesta, pero tu corazón va a tener la respuesta que le beneficie a tu bien mayor. Sólo mira y ve cuál es cuál. Elige siempre lo que sea para tu bien mayor. A veces no vas a ver la respuesta enseguida. Recuerda: ¡Sólo porque no puedes ver una salida, no significa que no haya una, o dos o más! ¿Por qué no creer que puedes encontrar una salida? ¡Lo tienes todo para ganar!

"Nunca cesaremos de explorar
Y el fin de nuestra exploración
Será llegar a donde comenzamos
Y conocer el lugar por primera vez"

---T.S. Eliot

Preguntas útiles:

No importa qué tan aparentemente imposible sea mi situación, ¿cuáles son algunas de mis salidas?

¿Cómo me he desahogado? ¿Hay algunas otras formas de desahogarme?

¿Cuál es la visión desde un punto de vista global?

¿Qué puedo aprender de cada encuentro?

Notas

Autobiografía en Cinco Capítulos Cortos
por Portia Nelson

I   Camino por la calle
     Hay un hoyo profundo en la acera.
     Me caigo dentro... Estoy perdida...
     Estoy desamparada.
     No es mi culpa.
     Duro mucho tiempo en encontrar la
     manera de salir.

II   Camino por la misma calle
     Hay un hoyo profundo en la acera.
     Finjo no verlo, me vuelvo a caer
     dentro de él.
     No puedo creer estar en el mismo lugar.
     Pero no es mi culpa.
     Todavía me lleva mucho tiempo salir.

III Camino por la misma calle.
     Hay un hoyo profundo en la acera.
     Veo que está ahí, igual me caigo
     dentro...Es costumbre.
     Mis ojos están abiertos.
     Sé dónde estoy.
     Es mi culpa.
     Salgo inmediatamente.

IV   Camino por la misma calle.
     Hay un hoyo profundo en la acera.
     Camino alrededor del hoyo.

V   Camino por otra calle.

" Si piensas que puedes

o que no puedes,

generalmente estás

en lo cierto."

-- Henry Ford

3

Los Milagros Suceden Diario

oooooooooooooooooooooooooooooooooooooooooooooooo

"Los Milagros son como las bromas: alivian nuestra tensión repentinamente al liberarnos de la cadena de la causa y el efecto."
--- Gerald Branan.

Si crees en la ley de la gravedad o no crees, no importa, porque existe. Lo mismo da si crees en la ley de los milagros o no, los milagros suceden. Somos poderosos creadores. Existe un poder para crear cualquier cosa y reside en nuestra mente imaginativa. La clave está en que **tienes que creer**, o por lo menos estar abierto a que sucedan milagros.

Los milagros vienen en todos los tamaños. Muchas veces no reconocemos que lo que está sucediendo es un milagro. Puede que se vea como que te pasó algo, o puede que un embotellamiento de tráfico te detenga para que no estés envuelto en un accidente. Puede que sea una llamada de alguien en quien estabas pensando. Puede que sea la pérdida de tu trabajo –donde eras un empleado infeliz–, permitiéndote cambiar de carrera a algo que haga que tu corazón se caliente. Puede ser alguien que conozcas con quien formes una relación de por vida. Puede ser que la bicicleta que querías está en oferta, justo cuando habías decido comprarla.

La pregunta que puedes hacerte es, "¿Qué milagro quiero que suceda?"

Imagínate que ondeas un *varita mágica* y puedes tener CUALQUIER COSA que quieras. ¿Qué sería? Usa tu imaginación. Te esperan ilimitadas posibilidades. ¿Qué quieres? Está bien pedir cualquier cosa. ¿Qué pedirías si supieses con certeza que lo obtendrías? Si quieres comprobar esto, piensa en algo, lo que sea. Forma una clara imagen de ello en tu mente. ¿Cómo se ve? ¿De qué color es? ¿Cómo se siente? ¿Tiene olor o sabor? Enfócate en esto hasta que prácticamente lo tengas en tus manos. Ahora invoca este pensamiento varias veces al día. El objeto o situación puede aparecer en un comercial de televisión, o fuera de tu ventana. Podría aparecer dondequiera. Alguien te puede mencionar el objeto o la situación en una conversación. Mira y ve donde aparece. Sucederá. Es un milagro.

Los Milagros generalmente son creados por nuestras intenciones. Toman un poquito de tiempo. A veces tenemos intenciones contrarias. Tú puedes saber si hay una intención contraria al ver los resultados. Cualquiera que sea el resultado, esa es la intención más fuerte. Si ése no es el resultado que querías, tienes que ver cuál fue la intención que lo creó. A veces te dices a ti mismo: "Bien, realmente quiero un coche nuevo, pero no lo puedo adquirir." El "pero no lo puedo adquirir" pesa más. Busca la creencia subyacente que te impide obtener lo que realmente quieres. Tómate el tiempo para enfocarte en lo que realmente quieres y escríbelo. Has diferentes categorías. ¿Qué quieres en tu vida profesional? ¿Qué quieres en tu vida personal? Puede que haya subcategorías, por ejemplo: relaciones, finanzas, recreación, salud, vida espiritual, etc. Haz una lista para cada área de tu vida.

Ahora agrega a tu lista por qué "piensas" que no puedes o por qué aún no has podido obtener estos resultados. Mira tu lista de obstáculos. ¿Realmente te detienen? ¿El temor de algo te está deteniendo? ¿Estás permitiendo que el temor cree tus intenciones? Tú decides crear tus propias creencias. Piénsalo. Es verdad. ¿Por qué no mejor escoger lo que realmente quieres? ¡Qué comiencen los milagros!

"Hay solamente dos formas de vivir tu vida.
Una, como si nada fuese un milagro.
La otra, como si todo fuese un milagro."

--- Albert Einstein

Preguntas útiles:

¿Qué milagros se han dado en tu vida?

¿Qué deseos le demuestras al mundo?

¿Qué quieres realmente, que no tengas?

¿Qué Milagros deseas tener en tu vida?

Notas

" Querer

es

poder."

---Probervio

4

Crecimiento vs. Decaimiento

○ ○

"Todo crecimiento
es un brinco en la oscuridad,
un acto no premeditado y espontáneo
sin el beneficio de alguna experiencia previa."
--Henry Miller

Sócrates propuso tres etapas que él creyó explicaban cómo los seres humanos progresamos por la vida. Su idea era, primero atravesamos por un periodo de crecimiento, luego nos establecemos en el nivel más alto, como que llegamos a una cúspide donde no podemos crecer más, y luego decaemos. Luego llegó Platón, quien dijo que crecemos y decaemos, y nada más. Básicamente, si miras un árbol, crece hasta que alguien lo corta. Luego empieza a decaer. Puedes hacer una mesa de él, lo cual se ve como meseta, pero está lentamente decayendo; lentamente, pero decayendo al fin. Los humanos siempre estaremos creciendo y decayendo. Nuestras células se regeneran constantemente, de modo que literalmente no somos la persona que fuimos antes. Con mayor razón, cuando se trata de mentalidad y emociones: o estás creciendo o estás decayendo.

Uno aprende el ochenta por ciento de sus "programas" (esas actitudes y patrones inconscientes del comportamiento) hasta la edad de ocho años. Se aprende otro quince por ciento hasta la edad de dieciocho años. Esto deja el cinco por ciento de tus "programas" para el resto de tu vida. Así que es como si tuvieras a un niño de ocho años manejando tu vida la mayor parte del tiempo y eso puede no ser lo mejor para ti. Lo bueno es que puedes usar el cinco por ciento para cambiar el otro noventa y cinco por ciento.

Algunos "programas" de tu temprana edad fueron claves para tu crecimiento. Aprender a ir al baño es un ejemplo, caminar es otro. A menudo se crea un programa que te funciona de niño, pero no de adulto. Te puedes haber escondido en tu cuarto para evitar enfrentarte a algo o a alguien, pero como adulto, debes encarar tus miedos de frente.

A veces encarar tus miedos es lo que menos quieres hacer. Sin embargo, el evitarlos no hace que desaparezcan. Aceptar que tienes temor es el primer paso para superarlo. Una vez que admites tus temores puedes empezar a formar un plan para atenderlos. Obtener apoyo para esto es una de las mejores formas para combatir el temor con éxito. El apoyo puede ser un libro acerca de cómo alguien más se enfrentó al mismo temor. Puede ser un amigo que te escuche y te aliente a seguir adelante. Puede ser un entrenador o un terapeuta a quien le puedas hablar de tus temores y obtener consejos sobre la mejor manera de enfrentar los desafíos. Una vez que escoges encarar tus miedos, empiezas a crecer otra vez.

A veces dejas de crecer cuando dejas de estar motivado, o pierdes la esperanza. Si llegas a este lugar, pide ayuda. Todos necesitamos ayuda de vez en cuando. No tengas temor de pedirla. Nuestra naturaleza es buscar equilibrio. Aún cuando tal vez nos desequilibramos y dejamos de crecer, sólo es temporal. Lo bueno es que siempre se puede reiniciar el crecimiento.

"El verdadero equilibrio requiere que le asignemos una expectativa de desempeño práctica a cada uno de nuestros papeles.

El verdadero equilibrio requiere que reconozcamos que nuestro desempeño en ciertas áreas es más importante que en otras. El verdadero equilibrio exige que determinemos cuáles logros nos dan satisfacción honesta como también qué fracasos nos causan una pena intolerable."

--Melinda M. Marshall

Preguntas útiles:

¿Qué áreas de tu vida están creciendo?

¿En qué áreas de tu vida decaes?

¿En qué áreas de tu vida quieres hacer cambios?

Notas

"La vida es como andar en bicicleta.

Para mantener tu equilibrio,

debes mantenerte en movimiento."

----Albert Einstein

5

Tu Palabra

"La palabra de un caballero es como el roce de un látigo para un caballo de carrera."
---Proverbio Chino

Tu "palabra" es una clave de cómo te sientes contigo mismo. ¿Cuántas veces has faltado a tu palabra? ¿Cuántas veces al día faltas a tu palabra? Si piensas que no faltas a tu palabra, contesta alguna de estas preguntas.

¿Cuántas veces en las últimas veinticuatro horas dijiste que ibas a hacer algo y no lo hiciste? Quizá hayan sido llamadas de teléfono que no regresaste, o prometiste estar a tiempo a algo y llegaste tarde. A lo mejor dijiste que ibas a tener una comida saludable, o que hoy ibas a hacer ejercicio. Posiblemente dijiste que ibas a obedecer todas las leyes de tránsito, incluyendo la de velocidad, o que pasarías tiempo con alguien. Puedo seguir, pero cuenta las veces que faltaste a tu palabra. Aún cuando nadie más se da cuenta, o no te pescaron, una persona sabe bien todas las veces que no cumpliste: TÚ MISMO.

Cada vez que faltas a tu palabra, pierdes algo de tu autoestima. No es de extrañarse que dudes de tu habilidad para hacer algo si faltas a tu palabra a diario. El cumplimiento de tu palabra es clave para cómo proyectas tu vida. Si realmente no crees o no confías en ti mismo, entonces no vas a realizar lo que realmente eres capaz de hacer. La autoestima es esencial para realizar al máximo tu potencial. Puedes convencer a otros de que puedes hacer algo, pero si por dentro dudas de ti mismo, aún si es inconscientemente, vas a tener dificultad para cumplir lo que dices que quieres lograr.

Tu palabra y cómo la sostienes determina cómo te sientes sobre ti mismo.

Lo bueno es que cada vez que eres fiel a tu palabra, tu autoestima sube. Así que la pregunta es: "¿Cuánto vale tu palabra?" Cada vez que faltas a tu palabra, ¿cómo justificas tus acciones? Piénsalo por un momento. No importa qué tan bueno seas para defender tus acciones, una parte de ti sabe que fallaste a tu palabra. No hay justificación que cambie eso. No puedes hacerte tonto a ti mismo. Es tu opción mantener tu palabra o no.

Algunas personas no fallan a su palabra porque no se comprometen a nada. Esto es uno de esos "programas" de niño que no funcionan de adulto. Esto normalmente se hace inconscientemente. Si encuentras que no te estás comprometiendo realmente con otros, lo más seguro es que tampoco te estás comprometiendo contigo mismo. No comprometerse es contraproducente. Si no te comprometes, ¿qué puedes llegar a lograr?

El compromiso es esencial para los logros. Puede que tú digas que nunca fallas a tu palabra, pero no comprometerse a nada es simplemente no enfrentarte a tu temor. No tienes que ser perfecto. No comprometerte es creer ser justamente eso, perfecto. Hacer compromisos y no siempre cumplirlos es humano. Esforzarte para ser lo mejor que puedas, es todo lo que se requiere. Nunca es tarde para cambiar. El respeto hacia ti mismo y la autoestima, se construyen con tu palabra. Ahora decide a qué le das tu palabra. ¿Qué tan alta quieres que esté tu autoestima? Tú decides.

"Las palabras, como pueden destruir pueden curar. Cuando las palabras son verdaderas y tiernas, pueden cambiar nuestro mundo."

---Buda

Preguntas útiles:

¿Cómo has faltado a tu palabra?

¿Cómo has justificado haber fallado a tu palabra?

¿Cómo puedes ser fiel a tu palabra más seguido?

Notas

"Sé sincero con tu trabajo,

con tu palabra

y con tu amigo."

---Henry David Thoreau

6

Miedo vs. Deseo

○○

"El deseo es creación, es el elemento mágico en ese proceso. Si existiera un instrumento que midiera el deseo, uno podría predecir el logro."
---Godfrey St. Peter

Los seres humanos se motivan por dos factores: el miedo y el deseo. Éstos son contrarios uno del otro, pero a veces trabajan juntos. Cuando tú haces algo, estás motivado por el uno o el otro, y en algunas ocasiones por ambos. Vas a trabajar para que te paguen. Es decir, tú deseas dinero o lo que éste compre. Puede que también vayas a trabajar porque tienes miedo que te echen y perder lo que deseas. A veces evitas algo por miedo, como alejarte de un tiburón. El miedo no es siempre así de obvio. A veces no eres consciente de que tienes miedo. A veces es una sensación de incomodidad sobre una situación o una persona. El miedo no es algo malo. Es más, a menudo es nuestro gran protector. Pero a veces el miedo te impide hacer algo que quieres. Ésta es una situación donde puedes tener intenciones encontradas. Puedes querer una relación pero tener miedo a ser lastimado. Mira tus resultados si quieres saber cuál es más fuerte, si el miedo o el deseo. No siempre queremos ver los resultados, pero siempre son justos. Aquí es donde el deseo puede vencer al miedo. Si tu deseo es más poderoso que tu miedo, crearás lo que quieres.

A veces hay múltiples intenciones implicadas, y desglosarlas puede que tome tiempo, especialmente si ni siquiera sabes cuáles son conscientemente. No siempre es importante saber cuáles son tus miedos específicos, pero a veces ayuda que los reconozcas si aparecen, así puedes elegir conscientemente qué es lo que quieres o cómo puedes responder desde el conjunto de tus conocimientos.

La forma más simple de evitar esto es construir la clara intención de lo que exactamente **Sí** quieres. La clave es ser muy específico y detallado en cuanto a qué quieres. ¿Sabes realmente lo que quieres o solamente tienes claro lo que no quieres? Hay una gran diferencia entre los dos. En todo caso, es más importante estar bien claro en lo que realmente quieres.

A veces sientes que necesitas un cambio fuera de ti mismo. Puede ser un trabajo nuevo, una nueva relación, un lugar nuevo donde vivir. A lo mejor sólo quieres un descanso, unas vacaciones, o solamente quieres alejarte por un tiempo. El problema con esto es que donde sea que vayas, allí estarás tú. ALLÍ ESTARÁS TÚ. El cambio que buscas tiene que ser de adentro hacía afuera.

Intentemos algo. Busca una hoja de papel y una pluma. Empieza imaginándote que tienes veinte millones de dólares y que cualquier habilidad que necesites puede ser aprendida. También ten en cuenta que no vas a fracasar en lo que elijas hacer. Ahora, ¿qué quieres? Pregúntate a ti mismo: "¿Qué quiero?" Sé lo más detallista posible. Simplemente escribe lo que te venga a la mente, no importa qué tan raro pueda parecer. Sigue preguntándote y escribiendo cualquier cosa que se te presente. Haz esto hasta que llenes por lo menos una página de deseos.

Una vez que tienes tu lista, mira cada uno de los deseos y escribe cómo te sentirías cuando hayas realizado ese deseo. Escribe como si ya lo tuvieras. Si quieres un coche nuevo, ¿de qué tipo? ¿Qué color? ¿Con qué opciones? Por ejemplo, utiliza algo así: "Voy manejando por la carretera costera de California, Pacific Coast Highway, mi nuevo BMW Serie 5 de color azul y con todos los accesorios, incluido un cambiador de 12 discos compactos que está tocando mis canciones preferidas."

Si quieres viajar, ¿adónde quieres ir? ¿Con quién quieres ir? ¿Por cuánto tiempo? Si quieres una nueva relación, ¿cómo sería? ¿Cómo te sentirías? Haz un bosquejo con tus palabras. Usa calificativos de acción y adverbios descriptivos, como: "Voy paseando felizmente en una moto acuática con la mujer de mis sueños." O, "Diariamente estoy intercambiando cariño extáticamente a través de comunicaciones sinceras."

Haz esto con cada aspecto de tu vida. Lo que vas a conseguir a través de esto es autorización de tu subconsciente. Tu subconsciente no sabe la diferencia entre imaginar y la realidad. A lo que él concierne, ambas cosas son "reales". Tus pensamientos crean tu realidad. Hay poder en tu palabra y más poder en tu palabra escrita. Escribe por lo menos un párrafo por cada deseo. Pregúntate qué es lo que realmente quieres de cada elección. ¿Estás sorprendido por alguno de tus deseos? ¿Hay algunas necesidades fundamentales que pudieran no estar directamente ligadas con tus deseos? Puede que quieras un trabajo nuevo, pero en realidad quieres poderte expresar más creativamente. ¿Se puede lograr eso en tu trabajo actual? Quizá sí, quizá no, la única forma de saberlo es explorando las posibilidades.

A lo mejor deseas una nueva relación, pero realmente lo que deseas es ser amado y apoyado. ¿Puede suceder eso en tu relación actual? De nuevo, a lo mejor sí, a lo mejor no. ¿Estás empezando a clasificar tus deseos? Tienes la opción de soñar en cualquier cosa. ¿Por qué no trazar una imagen ganadora? Después de todo, ¡es tu sueño! Una vez que tienes claros tus deseos, escríbelos y ponlos donde los puedas ver a diario. Léelos seguido en voz alta. ¡Mira qué sucede!

"Nuestro más profundo temor no es que seamos inadecuados. Nuestro más profundo temor se debe a que somos poderosos más allá de la medida. Es nuestra luz, no nuestra oscuridad, lo que más nos asusta. Nos preguntamos: ¿Quién soy yo para ser brillante, hermoso, talentoso y fabuloso? En realidad, ¿quiénes somos para no serlo? Somos hijos de Dios. Jugar al pequeño no le sirve al mundo. Reducir nuestra importancia para que otra gente a nuestro alrededor no se sienta insegura no tiene nada de inteligente. Nacimos para manifestar la gloria de Dios que está en nosotros. No está sólo en algunos de nosotros, está en todos. Cuando dejamos brillar nuestra luz propia, inconscientemente le damos permiso a otra gente para hacer lo mismo. Cuando somos liberados de nuestro propio temor, nuestra presencia automáticamente libera a otros."

--Marianne Williamson

Preguntas útiles:

¿Sinceramente a qué le tengo miedo?

¿Son válidos algunos de estos miedos?

¿Qué deseo realmente?

Notas

"El deseo es la mitad de la vida,

la indiferencia

es la mitad de la muerte."

--Kahlil Gibran

7

Cómo Cambiar Tu Vida

ooooooooooooooooooooooooooooooooooooooooooo

*"Como todo hombre débil, puso un énfasis
exagerado en no cambiar sus ideas."*

--W. Somerset Maugham

La gente dice que desperdiciar una
mente es algo terrible. ¡Tiene razón! Más
preciso aún, no usar tu mente es un terrible
desperdicio. Todos usamos algunas de las
habilidades de nuestra mente, y todos
usamos más de nuestro subconsciente de lo
que nos damos cuenta. Por ejemplo:
¿Alguna vez has manejado hasta alguna
parte y después de hacerlo te has
preguntado cómo llegaste porque no estabas

prestando atención? En casos como éste, tu subconsciente manejó por ti. Por suerte, tenemos un poderosísimo y talentoso subconsciente. No tienes que recordar cómo cepillarte los dientes cada vez que lo haces. No tienes que recordar cómo hablar; bueno, a lo mejor alguno de nosotros sí. No tenemos que recordar cómo comer o caminar, o un sin número de cosas repetitivas que hemos aprendido. Nuestro subconsciente sabe, se acuerda y hace tantas cosas por nosotros. Una expresión para describir esto es: "Es como andar en bicicleta", lo cual significa que una vez que aprendiste a andar, esa sabiduría no se va a olvidar.

La mayoría de nosotros pensamos que sólo hemos aprendido a usar el subconsciente básico. En realidad usamos el subconsciente diariamente para mucho más de lo que sabemos. Si conoces a alguien y te "agrada", es tu mente subconsciente la que lo dicta. Si estás esperanzado en algo y por "coincidencia" esto aparece, es tu subconsciente el que lo dicta.

Has estado creando tu vida sobre la marcha. A veces hay más que sólo tu mente trabajando en este proceso creativo. Sólo ten en cuenta que somos todos capaces de crear muchas cosas en nuestras vidas. Es importante saber qué es lo que estás creando, de manera que si quieres alguna otra cosa, necesitas estar seguro de tener un solo deseo claro y dejar fuera cualquier deseo o acción que se interponga en lo que tu quieres.

Al menos que sea algo nuevo lo que quieres, si no lo tienes, lo más probable es que tengas una deseo o creencia opuesta que te ha impedido alcanzar lo que quieres.

A veces hasta obtienes algo mejor de lo que querías. Esto funciona para ti siempre y cuando estés de acuerdo con algo "mejor". Si por alguna razón tienes una creencia restrictiva sobre algo, aún cuando lo obtengas, lo más probable es que lo pierdas, al menos que cambies tu creencia. A veces puede que tengas un límite de "bondad". Una vez que llegas a ese nivel de "bondad", de cosas que te están saliendo a tu manera o de buena fortuna, tu subconsciente te la sabotea para mantenerte "seguro" en tu zona "segura". Pregúntate qué tan bien tolerarías sentirte. Fíjate cuántos ganadores de lotería lo pierden todo dentro de los primeros cinco años.

A veces le temes al fracaso, a veces al éxito; muchas veces esto ocurre a nivel subconsciente. Lo que puedes creer en un nivel consciente, puede no estar acorde contigo mismo en un nivel subconsciente. Lo que importa es, ¿te agrada el resultado? Como dice el Dr. Phil McGraw: "¿Cómo está funcionando eso para ti?". Aceptemos que sí quieres algo diferente a lo que ya tienes. ¿Sientes conscientemente que lo mereces? Si es así y no lo tienes, ¿estás realmente claro sobre qué es lo que quieres? Si por ejemplo dices: "Quiero más dinero". ¿Con veinticinco centavos tienes? Al fin es más dinero.

Tu intención o meta necesita ser E.M.A.R.T. (**E**specifico –**M**ensurable – **A**propiado – **R**ealista – **T**emporal (tener una finita medida de tiempo). Por ejemplo, **E**specifico: ¿Cuánto dinero más quieres? Cuando dices: "Yo quiero tener un ingreso de cien mil dólares al año antes de pagar impuestos para fin de año"; eso es ser específico. También es **M**ensurable.

Que sea **A**propiado tiene que ver con varios factores. ¿Satisface tus necesidades y deseos? ¿Interfiere con los de alguien más? Piensa en la interferencia de esta forma: "Quiero tener una relación con María", contra: "Quiero estar en una relación romántica con una mujer amorosa". Puede que estés o no estés en una relación con María, pero más allá de las intenciones, la vida de Maria es suya. Recuerda: puede que obtengas eso o tal vez algo mejor, no te limites.

Lo **R**ealista es algo más difícil de medir. Lo realista se trata de credibilidad, tu propia credibilidad con tu meta. Una norma a seguir es hacer tu intención cincuenta por ciento creíble o cincuenta por ciento increíble, el que más funcione para ti. De manera que si ganar 50 mil dólares para fin de año es totalmente creíble para ti, entonces 100 mil dólares es cincuenta por ciento creíble. Un millón de dólares no es realista, por lo menos no en un año; sin embargo, en cinco años sí puede ser realista. Igual puede suceder, pero estirar tu realidad y tu zona de confort a ese nivel de tiempo, puede ser desafiante. También hay una medida de Tiempo finita y razonable para esta meta, así que tenemos todos los elementos. Prueba con varias partes de tu vida. Pon atención a que si cambias tu mente, empiezas a lograr lo que tú quieres.

" El secreto de adelantarse es empezar.
El secreto para empezar es dividir tus complejas
y
agobiantes tareas en pequeñas tareas, y
entonces empezar con la primera."

---Mark Twain

Preguntas útiles:

¿Cuáles son mis intenciones / metas?

¿Tengo intenciones contrarias?

¿Si es así, cuáles son?

¿Qué creo yo acerca de mí mismo?

Notas

"Pensar es crear."

---Napoleon Hill.

8

Recobra Tu Poder

ooooooooooooooooooooooooooooooooooooooooooooo

*"Todo se le puede quitar a un hombre, menos...
la última de las libertades humanas --- la
elección de actitud ante cualquier circunstancia,
el poder elegir su propio camino."*
--- Viktor E. Frankl

A veces no te das cuenta que tienes el poder de crear la vida que quieres, aún cuando estás dispuesto a usarlo. Puede que te sientas impotente cuando a veces la vida te presenta acontecimientos sobre cuya presencia no tienes control alguno. Como discutimos anteriormente sobre tener intenciones, tú proyectas tu vida. La manera en que la proyectes depende de ti. A veces realmente quieres algo y no lo proyectas. Como las palabras de una canción de Garth Brooks, "Oraciones Sin Respuestas" (Unanswered Prayers), a veces después descubres que había algo mejor, el cual ni siquiera conocías conscientemente. Sólo después puedes mirar hacia atrás y ver que era mejor. Lo que tienes que entender es que hay un mejor y más grande escenario y a veces estás muy adentrado en tu situación para ver toda la imagen. Como un rompecabezas, cuando vas agregando piezas, tiendes a obtener una mejor idea de lo que estás creando. Esto es una de las piezas; cómo las decidas arreglar, depende de ti.

Una de las cosas que pueden impedirte que te conectes con tu poder son las adicciones. Las adicciones tienen su propia agenda y están en oposición directa a tu poder. Las adicciones van desde la clásica adicción a substancias (drogas, alcohol, cigarrillo, etc.) a las de comportamiento. Alguna gente es adicta a la televisión o al internet. A menudo las adicciones de comportamiento no son reconocidas o aceptadas. Independientemente de lo que uses para evitar la realidad, hacerlo tiene un costo. Tomar decisiones cuando estás bajo la influencia de tu adicción, usualmente **NO** es para tu bien mayor. Cuando estás bajo la influencia de tu adicción, tu centro de culpa es suspendido temporalmente y reemplazado por el mecanismo de "yo quiero". El "yo quiero" puede ser casi cualquier cosa, dependiendo de la adicción, porque al fin y al cabo, "Quiero satisfacer mis necesidades", entre ellas alimentar la adicción y cualquier otro comportamiento "autorecetado" que te haga "sentir seguro". A menudo esto hace que "no sientas nada," es decir, adormece tus emociones. Es por eso que las personas gordas comen aún después de estar satisfechas. Están "buscando amor en todos los lugares equivocados". Literalmente están tratando de satisfacer su necesidad de amor y seguridad.

Adicción es no enfrentarse a la realidad. Su respuesta puede satisfacer al individuo sólo por el momento, y a veces ni si quiera eso. Es una reacción al sentirse "fuera de control". Es decir, puedes sentir que "no tengo la capacidad para controlar mi manera de obtener lo que quiero". Ese es el error fundamental, creer que no tienes la habilidad para obtener lo que quieres. Creer que *sí puede*s cambiar, es la **clave** para crear esto. **Sí** tienes el poder para cambiar. Tienes la responsabilidad de hacerlo, así que tienes la habilidad de elegir **¡cómo**

respondes! ¡Esa es la buena noticia! Tu puedes crear algo diferente a lo que ahora tienes, pero tienes que elegir diferente a como lo has hecho en el pasado.

A veces nos aferramos al status quo de nuestra vida por miedo a lo desconocido. Esto es a menudo lo que nos mantiene atorados. Preferimos quedarnos con lo conocido, aún cuando no nos gusta, que con lo que no conocemos. Ahí es cuando entra el destino. Cuando necesitamos seguir adelante en la vida, pero nos resistimos, y llega una crisis. Una crisis es un regalo, aunque a menudo al principio puede parecer todo lo contrario. Una crisis es una oportunidad para transformar tu vida. Una crisis te saca de tu zona de confort. Te envuelves en echar culpas. Salen muchos "debería...", como: "Debería ser diferente", "Debería ser mejor", "Yo no debería tener que pasar por esto." El verdadero desafío es el miedo. Cuando puedas enfrentar tu temor, podrás crear la vida que realmente quieres.

Atravesar el miedo es la clave para conseguir lo que quieres. El miedo es una parte útil y valiosa de la vida, pero a veces se usa como una justificación para quedarte atrasado en tu vida. Cómo elijas relacionarte con el miedo va a determinar cómo vas a crear tu realidad. No dejes que el miedo te impida obtener lo que realmente quieres. Al contrario, enfócate a lo que quieres. ¿Por qué no elegir poner tu energía en la meta que quieres? Vas a encontrar que cuanto más te enfoques a esa meta, menos te va a afectar el miedo.

Recobrar tu poder significa demandar tu vida para lo que quieres que sea. Comienza a recobrar tu poder haciéndote responsable de tu vida. Recuerda: al aceptar tu responsabilidad, reclamas tu poder. Tú tienes la capacidad para cambiar tu vida. **Tú** tienes que tomar la decisión de cambiar. Una vez que lo hagas, tu vida empezará a ajustarse. No tienes que saber cómo hacer que todo se te cumpla, sólo tienes que estar claro en qué es lo que realmente quieres. Esto sale de tu corazón y no de tu cabeza. Sólo tú puedes impedirte obtener lo que realmente quieres. Una vez que estés en sincronía con tu corazón, tu vida se impulsará hacia adelante y todo lo que necesites va a aparecer.

Si te encuentras aún con dificultad para ponerte en contacto con lo que realmente quieres, trata de buscar el momento de sentarte en silencio con la intención de que se te manifieste lo que realmente quieres. Si puedes, hazlo a diario.

Una vez que tengas una imagen clara de lo que verdaderamente quieres, cierra tus ojos. Imagínate que has logrado tus metas. Imagina cómo se siente haberlo logrado. ¿Cómo te sientes? ¿Cómo percibes la manera diferente de **manejarte**? Recuerda cómo se siente y cómo te conduces. Inicia cada día con unos minutos "recordando" este sentimiento. Siéntate en silencio y concéntrate en enfocar tu atención en este sentimiento como si fuera realidad ya. Observa cómo tu vida se empieza a aunar a esta idea. Es seguro que pasará. Tu mente lo hará posible.

"A menudo se requiere de una crisis para superar nuestros modelos típicos del mundo. Una crisis es un obsequio, una oportunidad, y quizá una manifestación de que la vida nos ama, llamándonos a ir más allá del baile que actualmente realizamos."

---Leslie Lebeau

Preguntas útiles:

¿Cómo he entregado a otros mi poder?

¿Cómo manejaré el miedo cuando se presente?

¿Qué tipo de ayuda necesito para lograr mis metas?

¿Cómo seré y estaré cuando haya logrado mis metas?

Notas

" ¡Hemos encontrado al

enemigo,

y él somos nosotros! "

--- de la tira cómica

Pogo

por Walt Kelly

9

El Perdón

"Perdonar es el sendero hacia la felicidad y la manera más rápida de deshacer el sufrimiento y el dolor."

--Gerald Jampolsky, M.D.

El perdón es *tan* importante. El obstáculo más grande que tenemos para obtener la vida que queremos es nosotros mismos. Mantenernos en el pasado lastima y nos mantiene en estado de víctimas. El perdón es lo que nos permite movernos hacia adelante y dejar atrás nuestros bloqueos mentales. La palabra **forgive**, que en inglés quiere decir "perdonar", significa "dar como antes" (*give as before*). Esto no significa tener que seguir en una relación con alguien que te ha herido. A menudo es todo lo contrario. Siempre y cuando mantengas vivo el dolor de alguien que te ha hecho daño, seguirás conectado a esa persona. Al liberar el resentimiento y la ira mediante el acto del perdón, te desconectas del dolor que esa persona puede haberte causado. Esto no significa que estés justificando el comportamiento de alguien que te ha lastimado; se trata de que tú te deshagas de la necesidad de acusar y, así, de tu necesidad de sufrir. No se trata de perdonar a otros sino de perdonarte a ti mismo.

Puede que necesites perdonar a otros, pero esto no tiene que ver con ellos. Todo se trata de ti y tiene que ver con cómo te sientes tú. Si conservas la ira de algún dolor del pasado, te perjudica mantenerlo, y a menudo se manifiesta en forma de alguna enfermedad física en ti. Es decir, se puede convertir en enfermedad. Con el perdón se trata de despedir al dolor que has mantenido dentro de ti. La forma de liberarlo es expresando todos los sentimientos que te unen a él.

Una técnica para lograr esto es lo que yo llamo el proceso de la Carta del Alma. Esto es una manera de escribir tus sentimientos para expresarlos. A continuación te doy algunas expresiones de inicio para guiarte a completarla, como: "¡Estoy tan enojado que…!" Inténtalo. No te preocupes si no estás seguro de lo que estás sintiendo. Esto te puede ayudar a describir lo que realmente está dentro de ti. Usualmente vas a sentir liberaciones mientras atraviesas el proceso de escritura. Quizá te sirva tener pañuelos o una almohada cerca de ti. Usa lo que sientas que funciona para ti. Como venga está bien. No hay respuestas equivocadas en esto. Si te sientes agobiado al punto de no poder funcionar o sentir, o preferirías que alguien te guíe personalmente, acude a un terapeuta profesional. En este caso, lleva las Cartas del Alma contigo, le pueden ser muy útiles al terapeuta, lo cual disminuirá el tiempo del proceso curativo.

He puesto las secciones en el orden normal en que las vas a sentir. Sin embargo, a veces, las mujeres en particular, pueden encontrar que la primera emoción que sienten es tristeza en lugar de enojo. Si sientes más eso, empieza con la sección Tristeza y Heridas, luego haz la sección Culpa y Enojo. Después de eso continúa con lo que recomienda el resto de la guía. Recuerda que es importante que expreses todas tus emociones y no las juzgues (o a ti mismo) mientras recorres el proceso. No redactes, ni te preocupes por la ortografía o por la puntuación. Maldice si quieres, pero recuerda expresarte *al máximo*. ¡Esto **no** es para compartirlo(*), **es sólo para ti**! Asegúrate de terminar todo el proceso para que completes la liberación emocional.

*Estas cartas <u>NO</u> son para compartirlas. Tienen la intención de ayudarte a sanar y conectarte con tu "Yo superior" a través del Perdón.

*Si quieres puedes compartir esta carta, pero <u>SOLAMENTE</u> si la otra persona conoce este proceso y acepta compartirlo, de lo contrario úsala <u>solamente para ti mismo</u>.

Carta del Alma

Siete Pasos a la Verdad

Culpa y Disgusto

(Exprésate sin prejuicios)

Estoy tan enojado que...Estoy tan molesto que...

Tristeza y Heridas

(Ábrete. Siente y expresa tu dolor.)

Estoy triste de que... Me dolió cuando...

Duda y Miedo

(Este es el nivel CLAVE, esto es lo que realmente te está molestando.)

No se si... Tengo miedo de...

Responsabilidad y Sentirse Culpable

(Aquí es donde descargas tu culpabilidad por cualquier cosa dicha, hecha o no hecha.)

Me arrepiento de...

Juicio y Perdón

(Aquí es donde sueltas el juicio
de ti mismo y de otros.)

Me perdono por creer que soy como...

Me perdono por creer que _____ es como...

Esperanza y Deseo

(Si pudieras ondear una varita mágica,
¿qué te gustaría que sucediera?)

Deseo que...

Agrega: "Esto o algo mejor para el sumo bien
de todos los involucrados.)

Verdad y Amor

(Aquí es donde expresas la verdad,
el amor, el aprecio y el respeto.)

Te amo porque....   Aprecio que...

La verdad es que...   Te respeto porque...

He usado las Cartas del Alma para ayudarme a liberarme de mucho bagaje emocional. Me las he escrito más a mi mismo que a nadie más. La razón es que nadie está tan enojado contigo como tú mismo. El usar las Cartas del Alma te ayuda a ahuyentar las voces negativas que hay en tu cabeza; las que siempre dicen "No puedes", las que te critican. ¡En verdad funciona esto! Como sugerencia, algunas otras personas a quienes te puedes dirigir en las Cartas del Alma, pueden ser: tu mamá, papá, hermana, hermano, jefe, exnovio, exnovia, exesposo, exesposa, etc. Puede que a veces tengas que escribir más de una carta a la misma persona. No trates de resolver 30 años de disgustos en una carta. Limítate a un máximo de dos páginas por sección y trata de mantener las secciones relativamente equilibradas. Recuerda, *son sólo para ti, no para que las envíes.* Esto te

da la libertad de expresar lo que realmente estás sintiendo. **No** la compartas con la persona a quien te dirijas. Hacerlo, a menudo, empeora las cosas. Incluso, después de escritas, puede que quieras romperlas o quemarlas para aumentar tu sensación de liberación, ¡o sencillamente, si estás en la computadora, puedes oprimir la tecla para borrar!

Un secreto al hacer este ejercicio cuando haya alguien que puede ver lo que estés escribiendo, podrás usar sólo la letra inicial de cada palabra. Es algo inteligible para cualquier otra persona y puedes escribir con mayor rapidez. Resulta a veces más difícil volver a leerlo (si es algo que requieres), ¡pero puedes escribir delante de la persona a quien te estás dirigiendo sin que se de cuenta¡ ¡Hazlo! ¡Realmente funciona!

" *Perdona nuestras ofensas,*
así como nosotros perdonamos
a los que nos ofenden. "

--Padre Nuestro (Jesucristo)

Preguntas útiles:

¿En qué áreas de mi vida he estado estancado?

¿A quién necesito perdonar?

¿Qué cosas necesito perdonarme a mí mismo?

" El perdón es la realización del sueño del niño, en un milagro, a través del cual lo que está roto vuelve a estar entero, y lo que está sucio vuelve a estar limpio."

---Dag Hammarskjold

10

El Compromiso

○○○

"El compromiso no es más saludable cuando se hace sin duda, sino a pesar de la duda."

--Rollo May PhD.

El compromiso contigo mismo es la clave para hacer que el cambio perdure. El compromiso se empieza al decidir establecer una meta que es E.M.A.R.T. Una vez que has elegido tus metas, escríbelas y verifícalas con los criterios E.M.A.R.T. Ahora que sabes dónde quieres terminar, regrésate de allí y determina qué objetivos tendrás que cumplir a lo largo del camino para crear los resultados que quieres. Divídelos en espacios de tiempo razonables. Divídelos en tareas mensuales, semanales y diarias, teniendo en cuenta los criterios E.M.A.R.T. Cuando tengas los objetivos divididos en pequeñas tareas, necesitarás comprometerte a cumplirlas y a hacer los pasos de acción específicos. Cerciórate de crear indicadores para determinar que estás en el camino correcto.

El compromiso comienza en el instante en que decides, pero realmente decides, hacer algo. ¿Qué implica hacer esto? ¿Qué tanto significa cambiar para ti? ¿Y si miraras hacia el futuro diez años y vieras que nada en tu vida ha cambiado? ¿Cómo te sentirías? ¿Qué tanto tiempo te va a tomar decidir hacer algo diferente en tu vida? ¿Cuánto estás dispuesto a esperar? ¿Qué tal si en cinco años nada ha cambiado? ¿Cómo te sentirías entonces? El tiempo corre más rápido de lo que piensas. ¿Cuánto vas a esperar? Si nada cambiara en un año, ¿entonces qué? ¿Estás dispuesto a permitir eso? ¿Cuánto hace que sabes que te hace falta un cambio? ¿Cuánto tiempo más estás dispuesto a esperar? ¿Otro mes? ¿Nada está cambiando? ¿Otra semana? ¿Otro día? ¿Otra hora? ¿O puedes cambiar AHORA? ¡Comprométete AHORA MISMO! ¡Decídete YA! Decide que quieres algo mejor en tu vida, pero ¡AHORA MISMO! No esperes más. Toma la decisión de cambiar tu manera de pensar ¡AHORA MISMO! Comprométete ¡DE INMEDIATO! Para citar el eslogan de la compañía de tenis y zapatos Nike: "Sólo hazlo", ¡AHORA! El compromiso es poderoso, es una declaración al mundo que tú tienes el deseo y la intención de hacer algo. Los milagros suceden con el compromiso.

Una vez que realmente te has comprometido contigo mismo y con tus metas, las vas a lograr, siempre y cuando *creas* que sí puedes. Si necesitas ayuda para creer, sólo recuerda todas las personas que lo hicieron antes de ti. Ellos lograron mucho más de lo que cualquiera hubiese creído posible. El llevar a un hombre a la luna comenzó con la creencia de que podíamos hacerlo, empezó mucho antes que supiéramos cómo hacerlo; empezó con un compromiso.

El 12 de Septiembre de 1962, el Presidente John F. Kennedy declaró: "Decidimos ir a la luna. Decidimos ir a la luna en esta década y hacer las otras cosas, no porque sean fáciles, sino porque son difíciles, porque esa meta va a servir para organizar y medir lo mejor de nuestras energías y habilidades; porque ese desafió es uno que estamos dispuestos a aceptar, uno que no estamos dispuestos a postergar, y uno que tenemos intención de ganar y los otros también." El Presidente convenció a otros de creer junto con él, los convenció de que se podía hacer. El 20 de Julio de 1969, cuando el Astronauta Neil Armstrong pisó la luna y exclamó que era un "pequeño paso para el hombre y un gigante salto para la humanidad", ese comentario dio definición al deseo y a la intención, al creer y al compromiso.

Creer en ti mismo y en tus metas es gratis. ¿Por qué no optar por creer? ¿Por qué no ganar en tu propio sueño? ¿Estás listo para hacerlo? ¿Sí? ¡Estupendo! Ahora que te has comprometido con tus metas, construye apoyo a tu alrededor para que te ayude a triunfar. Busca personas de las que puedas depender para apoyo positivo.

Empieza con familiares y amistades. Recuerda que quieres apoyo, no que te critiquen. Elige personas en las que puedas confiar para que crean junto contigo. Si quieres más apoyo, puedes encontrar una fuente de ayuda en http://www.bluemoonwonders.com. Hay un botón en la pagina web llamado Grupos; localiza uno de los grupos en tu área y mándales un e-mail, o ¡inicia tu propio grupo de Libérate!

"La vida adquiere significado cuando te motivas, fijas tus metas y empujas hacia ellas de manera imparable."

---Les Brown

Preguntas útiles:

¿Cuáles son mis metas E.M.A.R.T. para cada una de las áreas en mi vida?

¿Cómo puedo superar lo que me ha impedido obtener mis metas en el pasado?

¿Qué pasos me estoy comprometiendo a dar?

¿Quién está en mi grupo de apoyo?

" Haz lo que puedas,

con lo que tengas,

donde estés."

--Theodore Roosevelt

Notas

11

La Gratitud

○○

"No sabes lo que tienes hasta que lo ves perdido.
Pavimentaron el paraíso y pusieron
un estacionamiento en su lugar."

---Joni Mitchell

La Gratitud es algo que hace que cambies tu forma de sentirte hacia todo. Empieza por agradecer lo que ya tienes. Observa cómo empiezas a sentirte diferente con respecto de lo que tienes. La gratitud te ayuda a pasar a un lugar de "tener", y no a un lugar de "carecer". Con demasiada frecuencia tomamos lo que tenemos por dado. El reconocimiento a la calidad, al valor, al significado o a la magnitud de las personas y de las cosas, es el verdadero aprecio.

La verdadera gratitud comienza una vez que realmente aprendes a valorar y a apreciar todo lo que tienes más allá del valor material. Comienza por apreciar cada vez que respiras, el calor del sol, la sonrisa de un amigo o la risa de un niño. Ser conscientemente agradecido te da una sensación de abundancia y merecimiento, y contribuye a tu vida.

No es necesario entender cómo funciona la gratitud, sólo ten la seguridad de que funciona. Recuerdo una vez, cuando era niño, mi papá me dio dinero por hacer tareas domésticas. Me lo gasté todo en un día y le pedí más dinero a mi papá, pero me dijo que primero tenía que valorar lo que tenía antes de darme más. Así es como funciona la vida para los adultos también. Tienes que apreciar lo que tienes, no importa lo que sea, antes de que la vida te de más.

Recuerdo cuando recién fui introducido a este concepto, empecé a escribir todas las noches un diario de gratitud antes de irme a la cama. Me comprometí a escribir un mínimo de tres cosas por las cuales estaba agradecido. Esto fue en una etapa de mi vida cuando realmente no tenía mucho de qué estar agradecido y a veces batallaba para encontrar tres cosas. A menudo lo que anotaba era: "Agradezco estar vivo. Agradezco haber tenido algo que comer hoy. Agradezco que no llovió hoy."

Luego, las cosas empezaron a mejorar, y ahora tengo mucho más por que estar agradecido, pero todo empezó con lo básico. Pudiera escribir muchas páginas de por qué estoy agradecido ahora, pero lo que es más importante es que tú pienses sobre aquello por lo que tienes que estar agradecido.

Piensa en lo que tienes ahora. Escribe una lista de cincuenta cosas por las que estás agradecido. Para algunas personas eso puede ser fácil, para otras difícil. ¿Cómo es para ti? Es fácil querer más, pero primero debes darte cuenta de que lo que tienes, no importa cuánto sea, es un regalo. Ayudaste a crearlo y puedes ayudar a crear más.

He tenido la oportunidad de ver a otros con más dinero y menos felicidad, y a otros con menos dinero y más felicidad. ¿Qué valoras más? Si tienes un techo sobre tu cabeza, comida que comer, un lugar seguro dónde dormir y la capacidad para decir lo que quieres, estás mejor ubicado que el noventa y cinco por ciento del mundo. En vez de tomar por dado lo que tienes, empieza por valorar todo lo que sí tienes. Es fácil quedar atrapado en el síndrome de: "Mira lo que alguien más tiene comparado conmigo." Recuerda que sólo "rentamos" todo en este planeta. Con la excepción del amor, nada te puedes llevar contigo. ¿Aprecias a las personas que están en tu vida?

A menudo no te das cuenta de lo que tienes hasta que te lo quitan. Esa es la forma dura de aprender a ser agradecido. Desafortunadamente es precisamente así como algunos de nosotros debemos aprender. Peor aún, a veces te pasa cuando menos te sientes agradecido. Es una elección que puede cambiar tu vida si así lo deseas. Está en ti. Sólo hazlo.

" Nadie es tan capaz de agradecer como el que ha surgido del reino de la noche."

---Elie Wiesel

Preguntas útiles:

¿Cuáles son las cosas por las que debo estar agradecido a diario? ¿Por qué?

¿Quién agradezco que sea parte de mi vida? ¿Por qué?

¿De qué cosas, acerca de mí, estoy agradecido?

Notas

" La gratitud no es solamente

lamayor de las virtudes,

es la madre de todas las otras."

---Cicero

12

El Siguiente Paso

ooooooooooooooooooooooooooooooooooooooooooooooooo

*"Siempre dicen que el tiempo cambia las cosas,
pero en realidad las tienes que cambiar tú mismo."*

---Andy Warhol

Avanzar en tu vida puede provocarte miedo, porque al hacerlo te saca de tu zona de confort. Si después de empezar a hacer cambios positivos, te sientes incómodo o sientes que te da miedo, ¡es estupendo! Esto significa que estás saliendo de tu zona confort y que estás cambiando tus patrones de vida, lo que te permite cambiar lo que tienes en tu vida. Todo lo que quieres y no tienes, está fuera de tu actual zona de confort. Tener confianza en ti mismo y en el proceso, a la vez que creas que puedes obtener lo que deseas, es todo lo que necesitas. El crecimiento no siempre se siente placentero, pero el resultado te llevará a tener resultados positivos.

Al principio todo lo que es requerido son pequeños pasos.

Aquí hay algunas sugerencias para que empieces:

- Empieza con algo, como escribir en tu diario de gratitud cada noche, escribe tres cosas por las cuales estás agradecido.

- Empieza por tomar cinco minutos cada mañana para sentarte en silencio.

- Escucha tu sabiduría interior, y si empiezas a sentir un mensaje constante, llévalo a cabo hasta las últimas consecuencias. Observa lo que sucede.

- Toma cinco minutos para apreciar a alguien en tu vida.

- Camina en la naturaleza, observa todo lo que te rodea.

- Empieza un diario, escribe tus sentimientos y pensamientos por lo menos cuatro veces a la semana. Mira las diferentes pautas que surgen de tu diario. La simple acción de "prestar atención" a menudo te ayuda a darte cuenta de lo que puede haber estado en frente de ti por años. Te puede sorprender saber lo simple que puede

- ser encontrar lo que necesitas para cambiar y crear.

- Escribe lo que quieres proyectar en tu vida. Escribe tus metas E.M.A.R.T. y crea un plan para lograr estas metas. Divide tu plan en pasos de acción por día, semana y mes. Integra indicadores para hacerte saber si vas en la ruta correcta; haz ajustes cuando sea necesario. Ábrete a la posibilidad de cambiar tus metas sobre la marcha. Haz a un lado las metas que ya no te sirvan y crea nuevas metas, a medida que vaya cambiando tu percepción de la vida.

- Asegúrate de mantener un equilibrio en tu vida, alimenta tus aspectos emocional, espiritual, mental y físico para alcanzar tus metas semanales.

- Sé honesto contigo mismo, aprende amarte y aceptarte a ti mismo, aprende a amar y aceptar a otros. Aprende a amar la vida.

- Forma un equipo de apoyo de personas amorosamente positivas; intégrale a tu plan recompensas para ti a lo largo del camino.

Felicitaciones por acabar de leer este libro. Ya has tomado pasos positivos para hacer cambios en tu vida. Recuerda ...... ¡nunca subestimes el poder de tus pensamientos para cambiar y crear nuevas posibilidades! Al ir siguiendo las sugerencias de este libro, encontrarás mucha de la claridad que has estado buscando. ¡Tienes todas las herramientas que necesitas dentro de TI! También tienes la habilidad de hacer cambios en tu vida para empezar a crear la vida que realmente quieres. Comparte esto con otras personas. Te puedes dar cuenta de que ayudar a otra gente te ayuda también a ti.

Has pasado de una sensación de estar atrapado, a saber lo que quieres cambiar en tu vida. Has adquirido una compresión de lo que puedes hacer para seguir adelante y hacer cambios positivos en tu vida. Has encontrado la manera de recobrar tu poder mediante el desarrollo de hábitos nuevos para ser fiel a tu palabra. Ahora tienes herramientas con las cuales crear la vida que realmente deseas a través del enfoque, del perdón y de la gratitud.

Finalmente, te has comprometido a hacer nuevas elecciones y a demostrar gratitud por lo que tienes. Recuerda, TÚ tienes valentía.

Alcanza tus sueños. ¡Cree en que es posible crear la vida con la que sueñas y MÁS!

Este libro es una herramienta. Úsala como guía de referencia una y otra vez, para "liberarte" a ti o a alguien que conozcas cuando estén estancados en la vida. Mantenlo contigo y vuelve a él en cualquier momento que sientas la necesidad de cambiar tu vida. Espero que te lleve al lugar que quieres estar. Toma los pasos que tengan sentido para ti con determinación. Sé comprensible contigo mismo mientras vas por el proceso. ¡Haz de tu vida lo que realmente quieres que sea! ¡Cree en que puedes lograrlo! ¡Sí puedes!

" Cuando te sientas al final de tu camino,
todo lo que tienes que hacer es
mover un pie adelante del otro.
Simplemente toma el siguiente paso.
Eso es todo lo que hay que hacer."

---Samuel Fuller and Milton Sperling

Preguntas útiles:

¿Qué puedo hacer <u>hoy</u> para moverme hacia mis metas?

¿Qué información necesito saber para empezar?

¿Qué tanto quiero estos cambios y qué estoy dispuesto a hacer para lograr el cambio?

¿Cuál es mi primer paso para actuar de inmediato?

Notes

" Cada viaje comienza con un paso. "

---Antigua Sabiduría China

Look for other titles by

John Seeley M. A.

Get Unstuck! The Simple Guide to

Restart Your Life, Audiobook

Get Unstuck! The Workbook

Liberate! La Guia Sencilla

Para Reinicier Tu Vida, Audiobook

Get Unstuck in Relationships!

Get Unstuck in Business!

Also Available for Speaking

Blue Moon Wonders and Heart Fire Press are dedicated to publishing books, cassettes, videos and CDs, as well as facilitating workshops to improve the understanding of ourselves and others, and give tools for making positive changes that will enable everyone to create the lives we are all here to manifest.

Feel free to contact us at:

Blue Moon Wonders
3419 Via Lido, Suite 375
Newport Beach, CA 92663
www.getunstuck.com

949-645-5100